Sri Sri Bipodtarini Puja

Bengali Puja Padhyati

Contributions: Aparna Sen Naskar
Sujata Saha
Purwa Chakraborty
Ratna Biswas

Publisher: DivineBharat

Contributions: Aparna Sen Naskar,
Sujata Saha
Purwa Chakraborty
Ratna Biswas
Publisher: DivineBharat

ISBN: 978-93-5701-875-3

Email: info@divinebharat.com
Website: www.divinebharat.co

Index

Introduction

Sri Sri Bipodtarini Puja is a profoundexpressionof faith, trust, and refuge in the life of the Bengali household. This sacred puja and vrat are observed with devotion and sincerity during the monthof Ashadha, seeking protection for one's family and loved ones from various dangers, sorrows, uncertainties, and misfortunes. Especially in rural Bengal as well as amongurbanBengali families, Maa Bipodtarini is worshippedas a deeply intimate and compassionateform of the Divine Mother.

The word Bipodtarini means"She who delivers from danger."According to scriptural belief, Maa Bipodtarini is one of the 108 manifestations of Goddess Durga. In folk tradition and devotional belief, she is regardedas the maternal divine power who, through her compassion, removes all suffering, fear, andadversity from the lives of her children. It is believed that when Bipodtarini Puja is performed with faith, self-discipline, and purity of heart, the Goddess resides as a protective shield over the household.

This puja is generally observed during the monthof Ashadha, on Tuesdays or Saturdays falling between Rath Yatra and Ulto Rath. One of the most distinctive features of Bipodtarini Puja is the sacred significance of the numberthirteen—thirteen varieties of flowers, fruits, betel leaves, and betel nuts are offered, along with a red sacred thread tied with thirteen knots and thirteen blades of durba grass. This red thread, or taga, is the principal symbol of the puja and is worn on the hand by devotees as a vow of protection against danger.

Maa Bipodtarini Puja is not merely a ritual practice; it is a spiritual discipline dedicated to safeguarding household life. Women, in particular, observe this vrat for the well-being of their husbands, children, and families. Through this observance, the virtues of patience, endurance, and inner strength inherent in womanhood are expressed, thereby establishing peace and stability within the home.

In this book, **"Sri Sri Bipodtarini Puja,"** readers will find a well-structured and comprehensive presentation that includes the introduction, auspicious dates, list of ritual materials, authentic puja procedures, vrat katha, panchali, mantras, aarti, prayers for forgiveness, visarjan rites, and traditional codes of conduct rooted in folk practice. The principal aim of this book is to preserve and present, in an integrated form, the ancient beliefs of rural Bengal alongside scripturally accepted traditions.

Puja Materials

- Thirteen varieties of flowers
- Thirteen varieties of fruits
- Thirteen betel leaves
- Thirteen betel nuts
- Red sacred thread – 13 strands,
    - with 13 blades of durba grass,
    - and tied with 13 or 14 knots to prepare the sacred thread (dor / taga)
- Coconut with husk (dab)
- Mango leaves
- Additional flowers for worship
- Incense sticks
- Dhuna (resin/incense for fumigation)
- Conch shell
- Oil lamp (deepa)
- Puja thali (worship plate)
- Thirteen luchis offered as bhog or naivedya
- Thirteen sacred threads (janeu / yajnopavita)

- Thirteen cloves
- Thirteen small cardamoms
- Thirteen large cardamoms
- Dakshina (monetary offering) to be given to the priest after the puja, as per one's capacity

After the puja, this red sacred thread (taga) is worn by women on the **left hand**, and by men on the **right hand**. This sacred thread should be worn for **at least three days**. The number thirteen (13) is considered the primary spiritual foundation of this puja.

Puja Rules and Procedure

- While observing the Bipodtarini Vrat, certain disciplines and precautions are traditionally followed. These guidelines are believed to enhance the spiritual merit of the vrata and ensure its proper observance.
- On the day **prior to the vrat**, only **pure vegetarian food** should be consumed.
- On the **day of the vrat**, devotees traditionally **abstain from all food**. The fast is broken only after the completion of the puja by consuming the **prasada**.
- It is believed that this vrat is observed for the **protection of children and family members** from all kinds of obstacles, dangers, and misfortunes.
- On the day of Bipodtarini Puja, it is considered advisable to **avoid food made from rice and wheat**.

- During the puja ritual, devotees should **remain silent** and avoid conversation. Traditional belief holds that speaking during the ritual may disturb the sanctity of the worship.
- No one should be **insulted or spoken to harshly** during the puja. In particular, the use of **disrespectful or offensive language toward women** is strictly avoided, as this is believed to displease Maa Bipodtarini.
- The puja should **never be performed in an unclean, dark, or impure place**, as such conditions are believed to disturb the peace and well-being of the household.
- On the day of Bipodtarini Puja, **sugar should not be given to anyone**. According to traditional astrological belief, sugar is associated with Venus and the Moon. Since Venus governs material comfort and harmony,

offering sugar on this day is believed to weaken Venus.

- Bipodtarini Puja is traditionally observed mainly by women. It is performed with fasting on **Tuesdays and Saturdays** that fall between **Rath Yatra and Ulto Rath**, during which devotees participate in the worship of the Goddess with devotion.
- While observing this vrat, it is considered auspicious for women to apply **alta on the feet and sindoor**, symbolizing marital well-being and devotion.
- This vrat may be observed by **both women and men**. However, during the period of observance, consumption of **non-vegetarian food, alcohol, and intoxicating substances** should be strictly avoided.

- Those observing the vrat may consume **fruits and water** if needed. Individuals with medical conditions are advised **not to undertake strict fasting**.
- A **red sacred thread (dor or taga)** is worn on the hand with the intention of fulfilling personal wishes. It is traditionally believed that this thread protects the wearer from various forms of danger.
- The sacred thread is prepared by tying **thirteen knots** and attaching **thirteen blades of durba grass** to it.
- **Women wear it on the left hand,**
- Men wear it on the **right hand**.
- The Goddess is worshipped with offerings of thirteen varieties of fruits and thirteen varieties of flowers, in accordance with traditional practice.
- Along with the evening worship, **aarti** is also performed to complete the puja ritual.

- In order to seek protection from misfortune, ensure family well-being, and fulfill personal vows, some devotees perform **dandi kata** (ritual prostrations) as an act of devotion.
- While performing dandi kata, devotees first take a **purifying bath in a nearby river or water body**, then proceed to the place of worship to offer prayers to Maa Bipodtarini.

Maa Bipodtarini Puja Vidhi

Achman (Deh Shuddhi)

Take a bath and wear clean, pure clothing. Clean the place of worship and spread a red or yellow seat (asan).
Sit facing east or north.

Achaman Mantra

Om Keshavaya Namah
Om Narayanaya Namah
Om Madhavaya Namah

Sankalpa

Take water, flowers, and rice in your hand and make the sankalpa (vow).

"Om Vishnur Om Tat Sat

(Meaning: "The worship and actions are offered to the all-pervading Supreme Reality, in truth and purity.")

Aham (nijer naam) (amuk) gotra utpannah (amuk) tithi-nakshatre sakala bipad-nashartham.SriSri Maa Bipodtarini Devi pujam karishye ||

Bhu Shuddhi

Om Bhumyai Namah. Om Bhumyai Namah. Om Bhumyai Namah.

Asana Suddhi

Om Adhara-shaktaye namah |
Kamalasanaya namah ||

Om asana-mantrasya
Meru-prishtha rishih |
Sutalam chhandah |
Kurmo devata |
Asanopaveshane viniyogah ||

Om prithvi tvaya dhrita loka
Devi tvam Vishnuna dhrita |
Tvam cha dharaya mam nityam
Pavitram kuru chasanam ||

5.Jala Shuddhi

Om Adhara-shaktaye namah |
Om Anantaya namah |
Om Prithvyai namah |
Om Kurmaya namah |

Om Gange cha Yamune chaiva
Godavari Saraswati.
Narmade Sindhu Kaveri
jalehsmin sannidhim kuru.

Pushpa Shuddhi

Om pushpe pushpe mahapushpe
Supushpe pushpa-sambhave |
Pushpa-chaya-vakirne cha
Hum phat svaha ||

Ghat Sthapana

Om sarva-tirtha-udbhavam vari
Sarva-deva-samanvitam |
Imam ghatam samaruhya
Tishtha deva-ganaih saha ||

Meaning in English:
"I invoke into this sacred water the presence of all holy pilgrimage places and all the divine deities.
O Divine Ones, please enter this kalasha (sacred pot) and remain here together with the assembly of gods."

Ganeshadi Debotar Puja

Om Ganeshaya Namah I
Om Shivaya Namah I
Om Parvatyai Namah I
Om Vishnave Namah I
Om Lakshmyai Namah I
Om Durgayai Namah I
Om Navagrahebhyo Namah I
Om Kuladevatabhyo Namah I
Om Ashtadikpalebhyo Namah II

Gandhadi Archana

Upachar (Panchopachar or Shodashopachar)

Om Gandham Samarpayami I

Om Pushpam Samarpayami I

Om Dhupam Aghrapayami I

Om Dipam Darshayami I

Om Naivedyam Nivedayami I

Om Namah II

Maa Bipodtarini Dhyana

Rakta-vasana-shobhana
Shankha-chakra-gada-dhara |
Sarva-bipad-hartri cha
Bipodtarini namostute ||

Devi Avahana

Om Bipodtarini Devim avahayami |
Sthapayami |
Dhyanayami ||

Panchopachar / Shodashopachar Pooja

Om snaniyam samarpayami
(I offer this water for ceremonial purification.)
Om vastram samarpayami
(I offer this cloth with respect and devotion.)
Om upavastram samarpayami
(I offer this additional garment in reverence.)

Om gandham samarpayami
(I offer sandalwood paste or fragrance for purity and auspiciousness.)
Om pushpam samarpayami
(I offer these flowers as a symbol of devotion.)
Om dhupam aghrapayami
(I offer incense for sacred fragrance and purity.)
Om dipam darshayami
(I offer this lamp to remove darkness and bring divine light.)
Om naivedyam nivedayami
(I offer this food prepared with devotion.)
Om achamaniyam samarpayami
(I offer water for ritual sipping after the food offering.)
Om tambulam samarpayami
(I offer betel leaves as a respect.)
Om phalam samarpayami
(I offer fruits symbolizing abundance and gratitude.)

Om dakshinam samarpayami
(I offer this gift as an expressionof reverence.)
Om punarachamaniyam samarpayami
(I offer water again to mark the completion of offerings.)
Om pushpa samarpayami
(I offer flowers in gratitude and surrender.)
Om pradakshinam samarpayami
(I circumambulate the deity with reverence.)
Om namaskaram samarpayami
(I bow in devotion and offer my respectful salutations.)

Upachar (Forms of Ritual Offerings)
Upachar means the respectful services or offerings made to a deity during worship.
These may be performed in two ways:
Panchopachar - worship using five offerings
Shodashopachar - worship using sixteen offerings (a more elaborate form)

Mantra

Mool Mantra

"Om Bipodtarinyai Namah"

(108 bar japa)

Bipadtarini Pranam Mantra

Sarva Mangala Mangalye
Shive Sarvartha Sadhike
Sharanye Tryambake Gauri
Narayani Namostute

Srishti Sthiti Vinashanam
Shakti Bhute Sanatani
Gunashraye Gunamaye
Narayani Namo'stute

Sharanaagata Dinarta
Paritrana Parayane
Sarvasyarti Hare Devi
Narayani Namo'stute

Pushpanjali

With red flowers, sacred durba grass, and bilva leaves.

Om Bipodtarini Devi namah |
Sarva-bipad-harini namah |
Sarva-bhaya-vinashini namah |
Sarva-shoka-nivarini namah |
Pushpam samarpayami ||

Bipodtarini Brata Katha O Panchali

Mangalacharan -

Masi punyatame bipra Madhabe Madhabapriye |
Navamyam Shuklapakshe cha basare mangal shubhe |
Sarpa rikshye cha madhyahne Janaki Janakalaye |
Avirbhuta swayam Devi yogeshu shobhoneshu ||

Mangalacharan - Invocation.This is usedto invoke the goddess and meditate on her form.

Narad Shib Barta

Harinaam-e mogno Narad,
Bhromon koren tribhubone,
Hothat ekdin upasthit
Holen Shiber lok Kailashe.
Mahadev Shetha boshen
Gauri-sange anande,
Shanti-moy shobha charidike
Dibyo jyotir chhonde.

Narad muni shibeke pronam koriya,
Bhakti janan korojore mon bhoriya.

Mahadev jigyashilen—
"He Muni, ashar ki karon?
Lok bhromon chhere hothat
Kailashe kihetu agomon ?"

Narad bollen—
"Prabhu, gyan labher ashay,
Narir dukhho heri mon bodo
bishadmay.

Kon brate nari shanti pay, dukhha jaye, paye mukti.
Bipod majhe-o je nari Sahos rakhe buker bhitore,
Tader uddharer poth Prabhu, doya kore bolo more."

Shiv bollen—
"He Narad, bhalo prosno tumi koro,
Nari mongoler kotha mon diye shuno.
Ashadh mashe shubho dine
Je nari shraddha bhore,
Maa Bipodtarini-r brata
Niyom mene kore.
Tar shob dukhho nash hoy,
Bipod dure jay,
Shanti-mangol ghore ashe, durbhagya palay.
Je nari ei brata palon kore, pobitra mon niye,
Nimish-matro shob shonkot
jay tar duriye.

Ei katha shune Narad
anonde mon bhore,
Jogote chhoriye dilen katha
Nari-kalyaner tore.

Aage stuti Ganapati bighno nashone,
Shokol kaj shiddhi bina bebodhane.
Nomo nomo Gajanan,
Bighno-binashon,
Namo Prabhu Mohakay,
Mohesh-nondon.
Nomo nomo Lombodar,
Nomo Ganapoti,
Jar Ma aadi Shakti,
Devi Bhogabati.
Sarvo-deber agre,
Jar shobhay maan,
Brahma-Vishnu-Shiv
Koren jahar maan.
Ei Panchali je pore ba shone
shroddha-bhakti bhore,
Maa Bipodtarini thaken tar hridoy-
mondire.

Satya-Nishtho Rajar Kahini

Purbo kale Bharot-borshe, dhormo
pothe ek rajya chilo,
Satya-nishtha raja shekhane
Bhagoboter bhokto chilo.

Ekrokom thake na kobho shomoy,
cholche se sukh-dukhher ghoray,
Ek shomoy rajye neme elo bipod-er
bhishon jhor.
Kothao rog, kothao shok, kothao
annabhaber jala ghor.

Agni-jal-bayu ekshathe bhanglo
shantir maap.
Ma kande tar shishur tore, Nari
dekhe shwamir bethar chaap.
Rin o shatru gherao kore manush-
jibon din-o-rate.
Raja shobha ahoban koren, chinta ki
bhabe kate.

"Rishi-muni, brahmon, tapasvi,
Bolun bipod-harar upadhan."

Dhyan-e boshe rishira bolen—
"Shuno mon diye amader ahoban.
Shokti bina uddhar nai shongshar-
nodir kule.
Ashadh mash Shuklo Panchami,
Maa-r brata koro syhobe mile.
Karunamoyi Maa Bipodtarini, abhay
mudra dhore,
Bhakto-jibon roksha kore, dukhho-
bhoy hore."
Rishi-bakyo shune raja, prajader
adesh dilen,
Kalasha sthapito holo, shonkho
ghonta bajlen.

Raja nijei nirjal brate, Maa-r sharan
nilo,
Bhakti-bhore mon matiye charone
anjoli dilo.

Shei rajye chilo ek nari, dukhhe
bhora tar din,
Rog grutto tar shami, rine dubbia
anno bihin.

Tobu buker bhitor, Biswas
chhilo drirh,
"Maa Bipodtarini achen," Ei
asha-i tar shukh.

Ashadh mas-e snan sheshe,
Lal suta hate bandhe,
Nirjal brata niye tini
Mayer charone mon Shadhe.

"Hey Maa ami durbol nari,
Gyaan o shakti nai,
Tuma chhara keu nei amar,
Tomari Ashroy chai.

Agyane aparadh korechi na bujhi
karon

Kshemamoyi ma kshama koro amar
obogun

Bipoder majhe aji pore achi
dayamoyi
Diner rakshika ma more koro
anugrahi

Durga tumi dukkhahari durgati
bhanjani
Mahakali maharupa tumi Tara janani

Sankate ghireche pran he
Sankatnashini
Bipod theke uddhar koro he
Katyayani

Abhaya pradayini ma tumi
Mahamaya
Ghor bipode more dao tomar
padachhaya

Ratri-sheshe swapne elen
Lal basana dhori,
Mukhe korun shitol hashi,
Chokhe sneher jhori.

"Bhoy peyo na go Ma,"
Bolen Maa shanto shure,
"Tomar brata grohon korlam,
Bipod gelo shudure."

Por din theke Hothat dekhi
Bodle gelo Rajyo,
Rog gelo, rin-o ghuchlo,
Jaglo shobar bhagyo.

Je ghore Maa-r nam thake,
Shei ghore dukhho nai,
Je mon-e Maa-r bishwas ache,
Tar bipod thakar upay nai.

Brishti holo shomoy moto, foshol
bhore uthlo,

Rajye abar shanti-shukhe, anonder beg chutlo.

Raja bolen praja-gon-ke— "Shob Maa-r kripa jano,
Shraddha bhore brata koro, tahar bhojon bhojo."
Asharer shuklapaksher pavitra Navami dine
Ei pavitra brat palibe sakal nari mane
Agrodine habishya anna koribe grahan
Shani ba Mangal dine hobe pujar ayojan
Trayodash phal diya sampurna puja hobe
Snan shuddha hoye mangal ghat sthapan koribe
Dhoop deep dhuna diya sajabe archan
Anande bosibe sabe bhakti bhare mon
Puja sheshe sakale pranam koribe

Moner ichha purna hobe nischoy janibe
Teroti gathano rakteranga suta
Haste bandhbe sakale bhulo na eta
Shraddha bhare ei brat jodi kare keho
Martyetei labhe se swarger sukh seho
Je grihe Bipattarini brater palan
Se griho hoy sabar priyo darshan
Dukkha klesh dure jay bipod hoy nash
Dine dine briddhi pay sampader prakash
Joy Maa Bipodtarini

ItI Sri Sri Bipodtarini Panchali

Aarti

Jai Maa Bipodtarini Devi,
Karuna-sindhu Maa.
Bipod-dolon karini Janani,
Dukhho-harini Maa.
Shanta murti, saumya rupini,
Shankho-chakro dharini Maa.
Bhoy-nashini, shok-harini,
Abhay-dayini Maa.
Rog-harini, shatru-nashini,
Mangal-karini Maa.
Ashadha maser shubho dine,
Je tomay smaran kore Maa.
Tar ghore shanti name,
Dukhha jay shore Maa.
Dhoop-deeper alo jele,
Hriday tomay daki Maa.
Bhakti-mone koro jure,
Tomay sharan kori Maa.
Bhokter byatha shune,
Daya-drishti dao Maa.

Je kore tomar puja,
Shraddha-bhakti niye Maa.
Tar jibon bipod-mukta hoy,
Tumari kripay Maa.
Jai Maa Bipodtarini Devi,
Sarva mangal dayini Maa.
Charon-tale sharan rakho,
Ei minati nao Maa.

Om Bipodtarinyai Namah
Sarva bipod harinyai Namah
Sarva dukhha nashinyai Namah
Sarva mangal karinyai Namah

Kshama Prarthana

Avahanam na jaanami
na jaanami tavarchanam |
Poojam chaiva na jaanami
kshamyataam parameshwari ||
Mantraheenam Kriyaheenam
Bhaktiheenam sureshwari |
Yatpoojitam maya devi
paripoornam tadastu me |

After Puja Rituals

After the completion of the puja, prasad is distributed among all devotees. Alta and sindoor may be applied to women devotees. The sacred thread (raksha-sutra) is then tied on the wrist.

VISARJAN

Recite **"Om Maa Bipodtarinyai, Kshamasva"** *and perform ghata-chalana (slight movement of the pot).*

uttame shikhare devi
bhoomyaam parvata moordhani,
braahmanebhyo hyaujnaanam

gachcha devi yathaa-sukham.
Om Bipodtarinyai Namah
Sarva bipod harinyai Namah
Sarva dukhha nashinyai Namah
Sarva mangal karinyai Namah

Shanti Path

Om dyauh shantih |
Antariksham shantih |
Prithvi shantir apah shantih |
Oshadhayah shantih |
Vanaspatah shantih |
Vishvedevah shantih |
Brahma shantih |
Sarvam shantih |
Shantireva shantih |
Sa ma shantir edhi|
Om shantih shantih shantih

9 789357 018753

Printed at Repro India Ltd.